# OBJETS VOLANTS

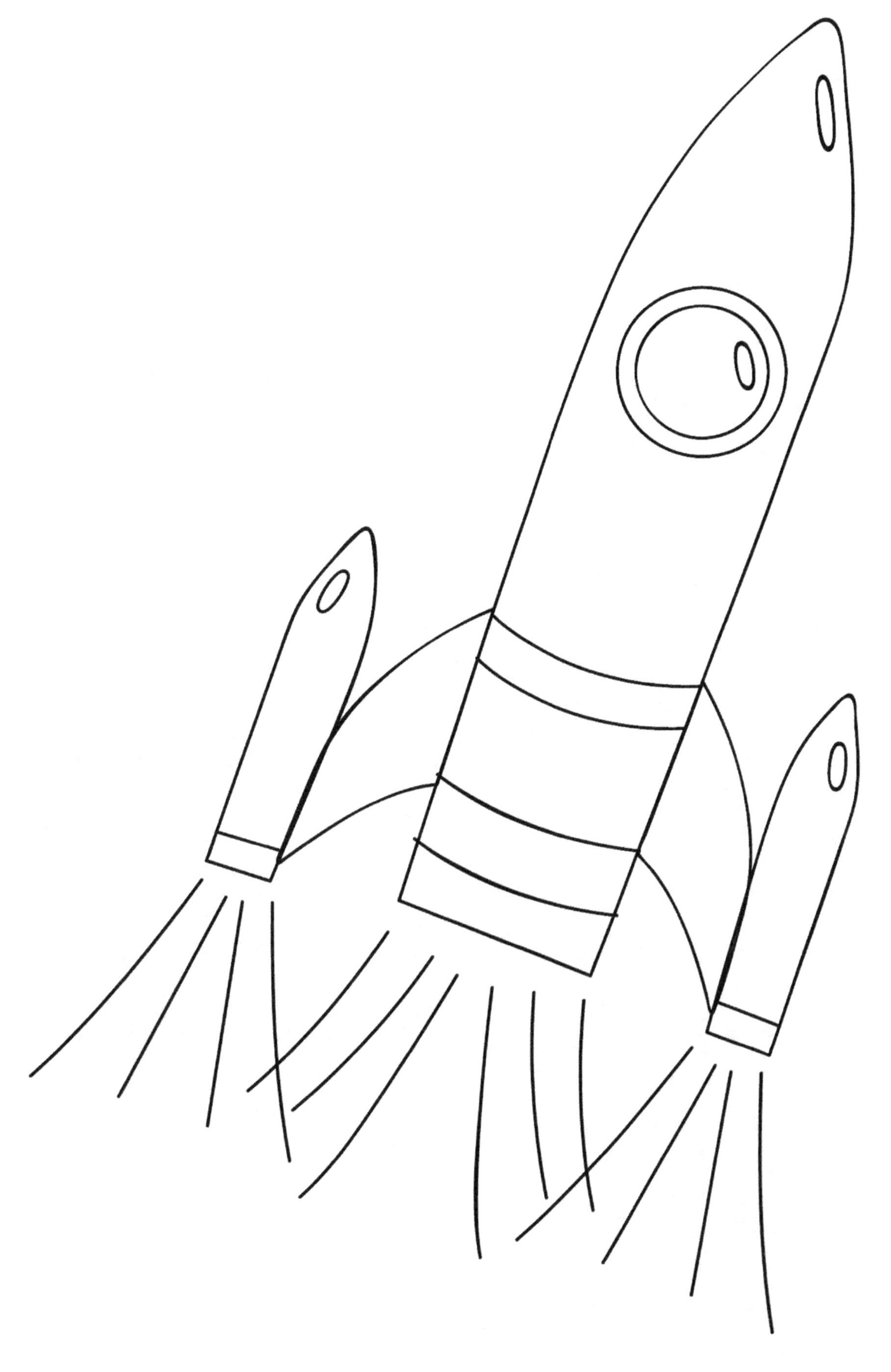

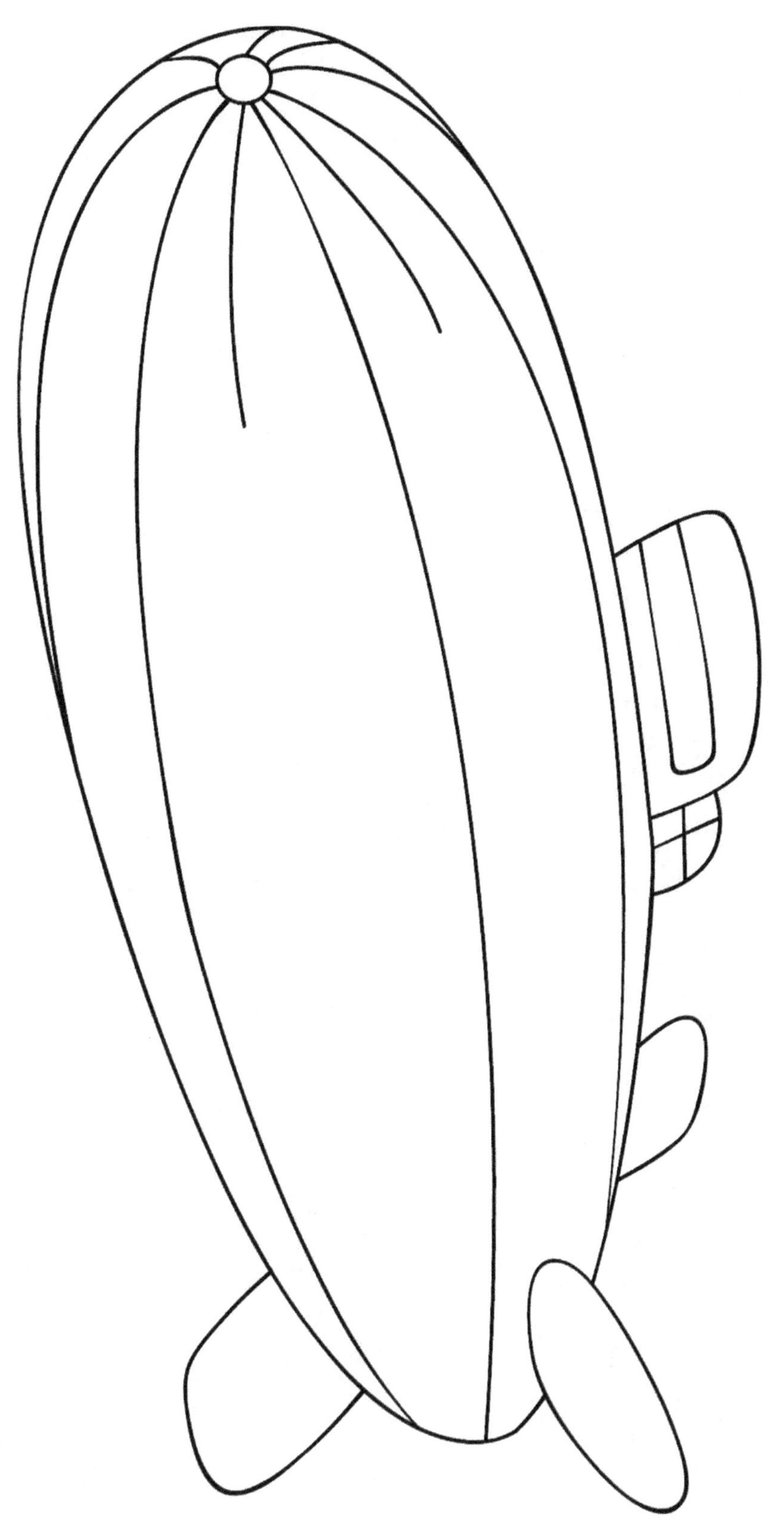

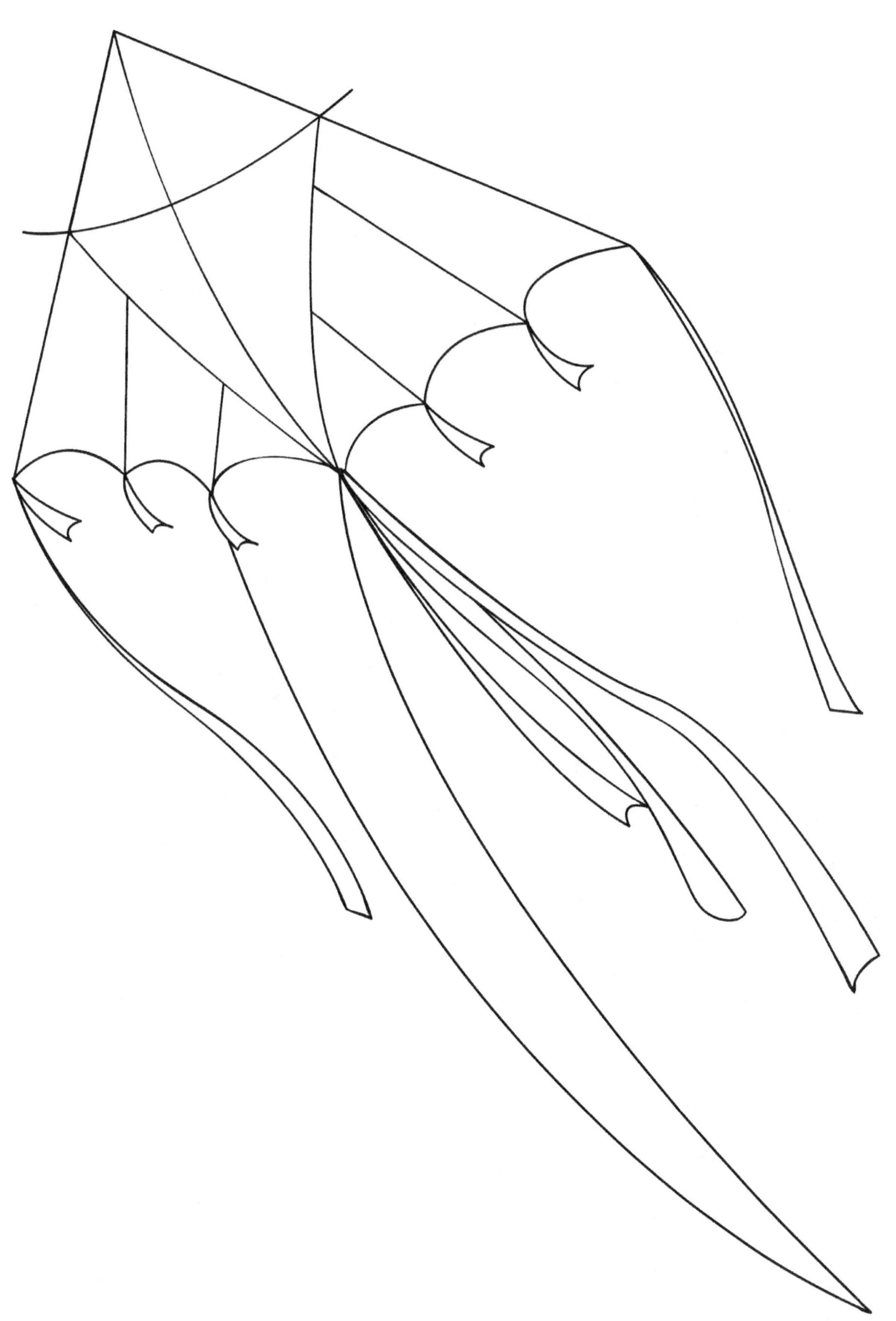

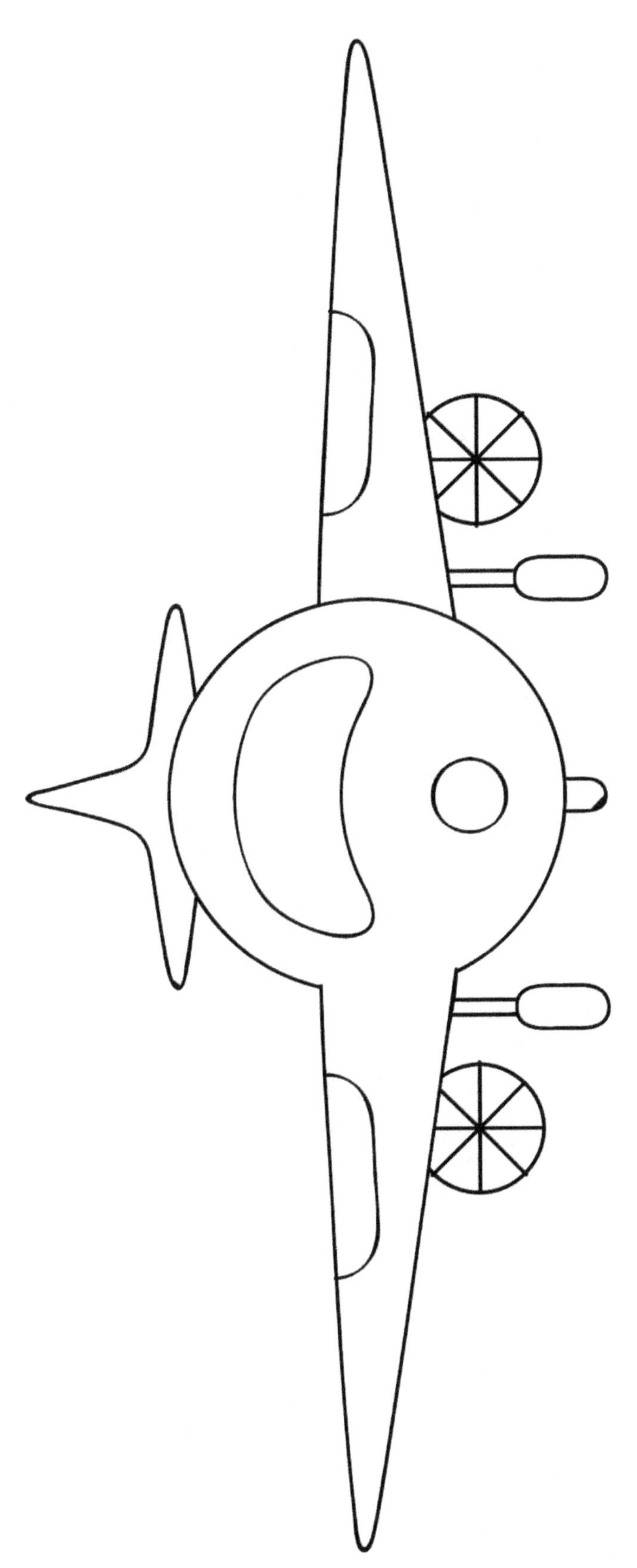

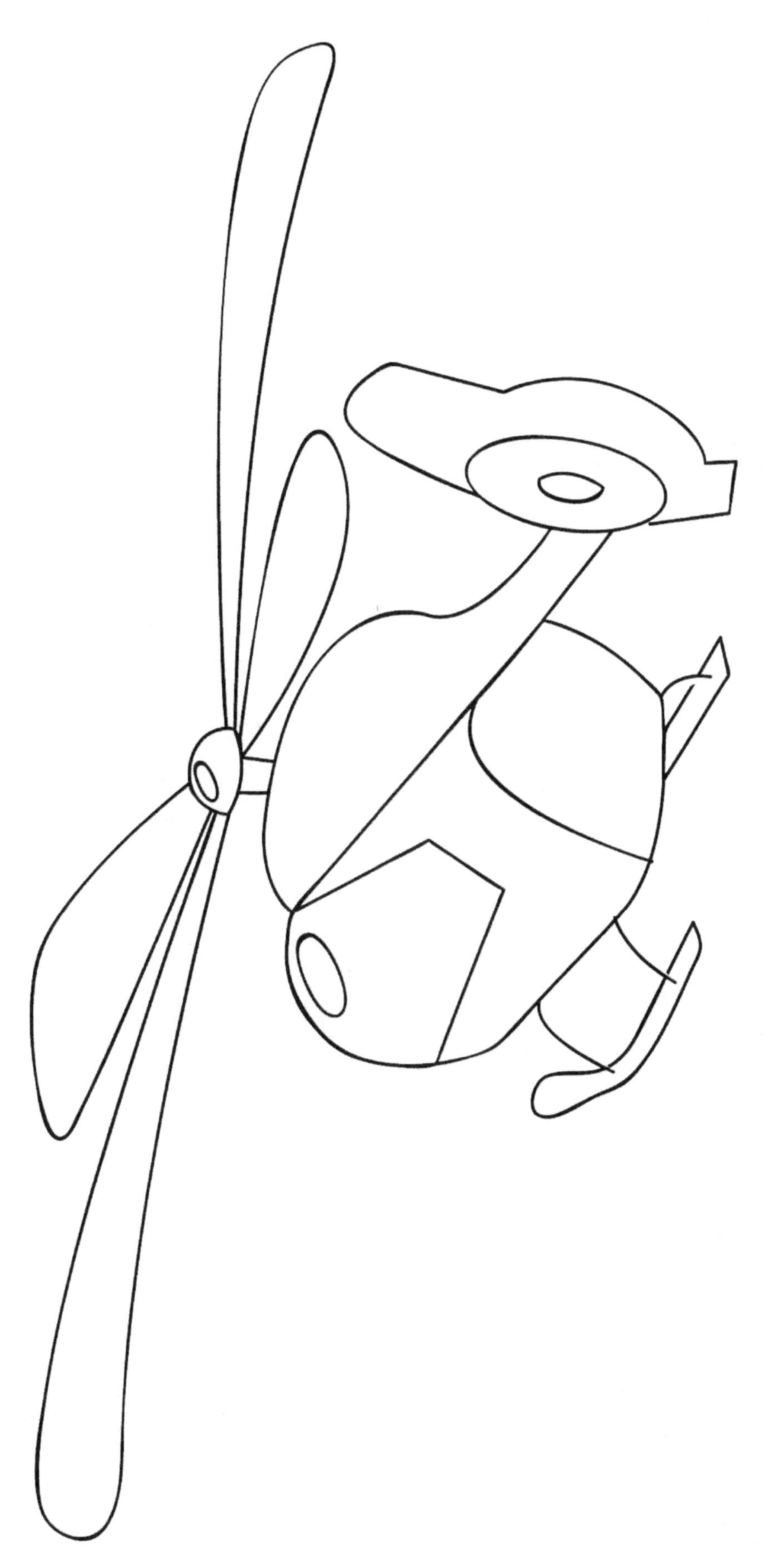

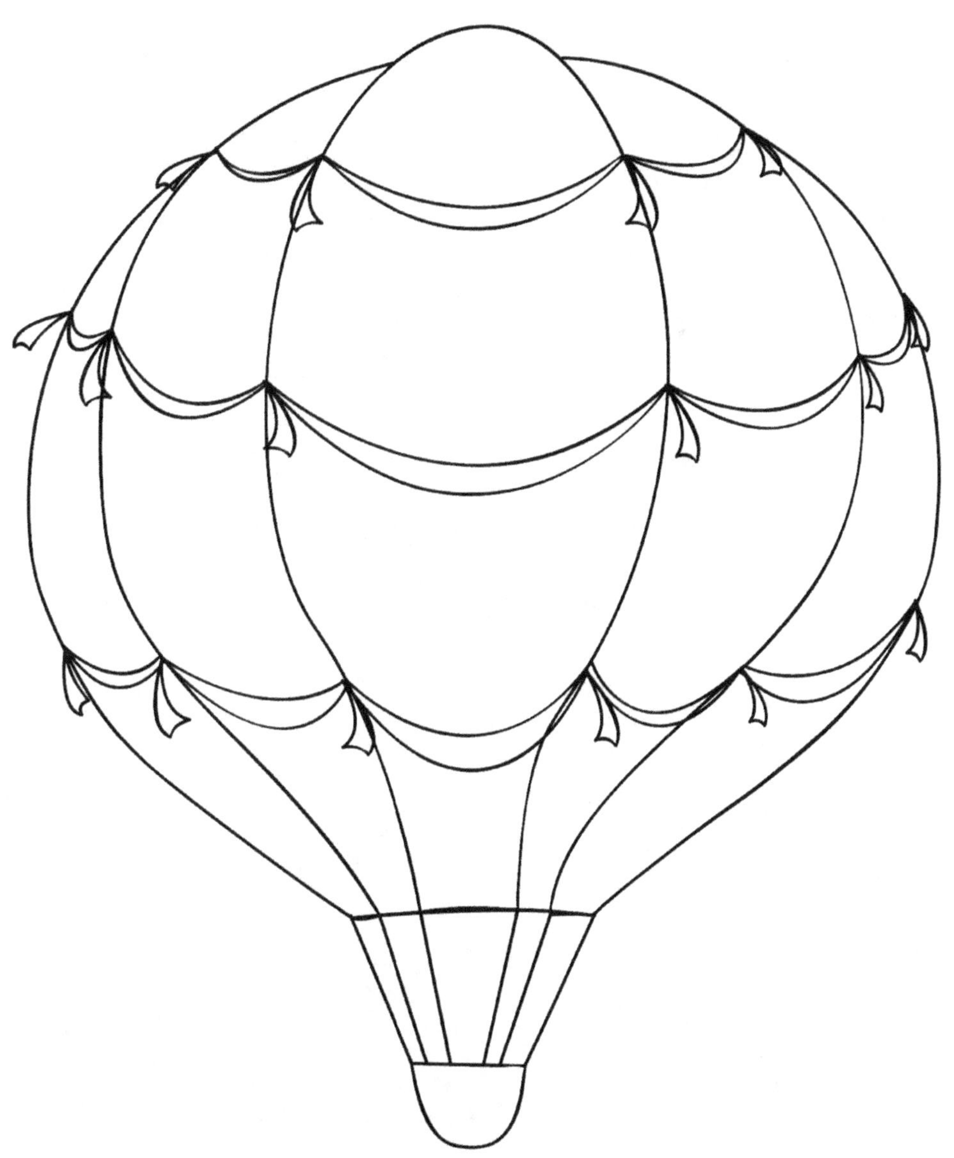

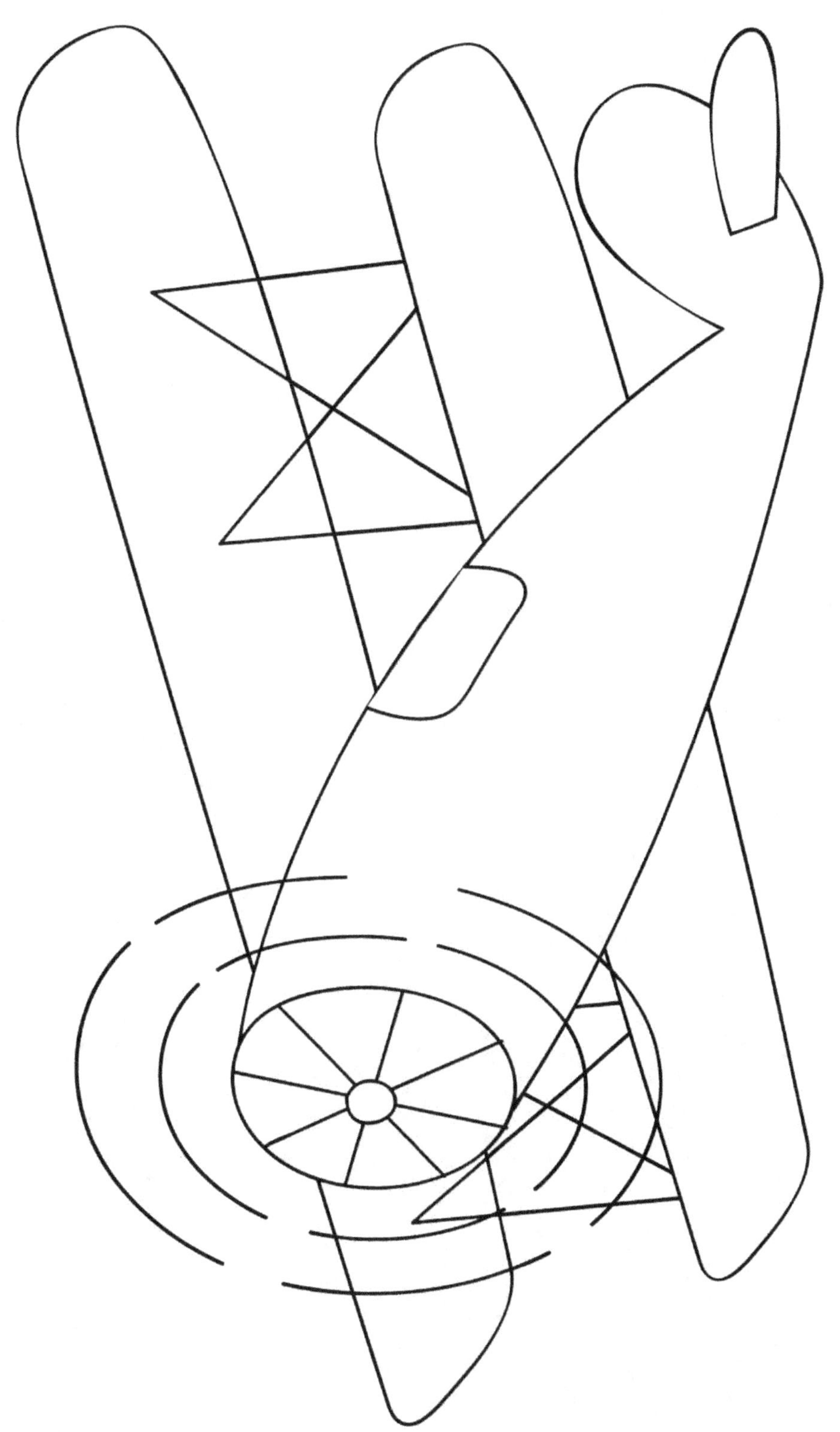

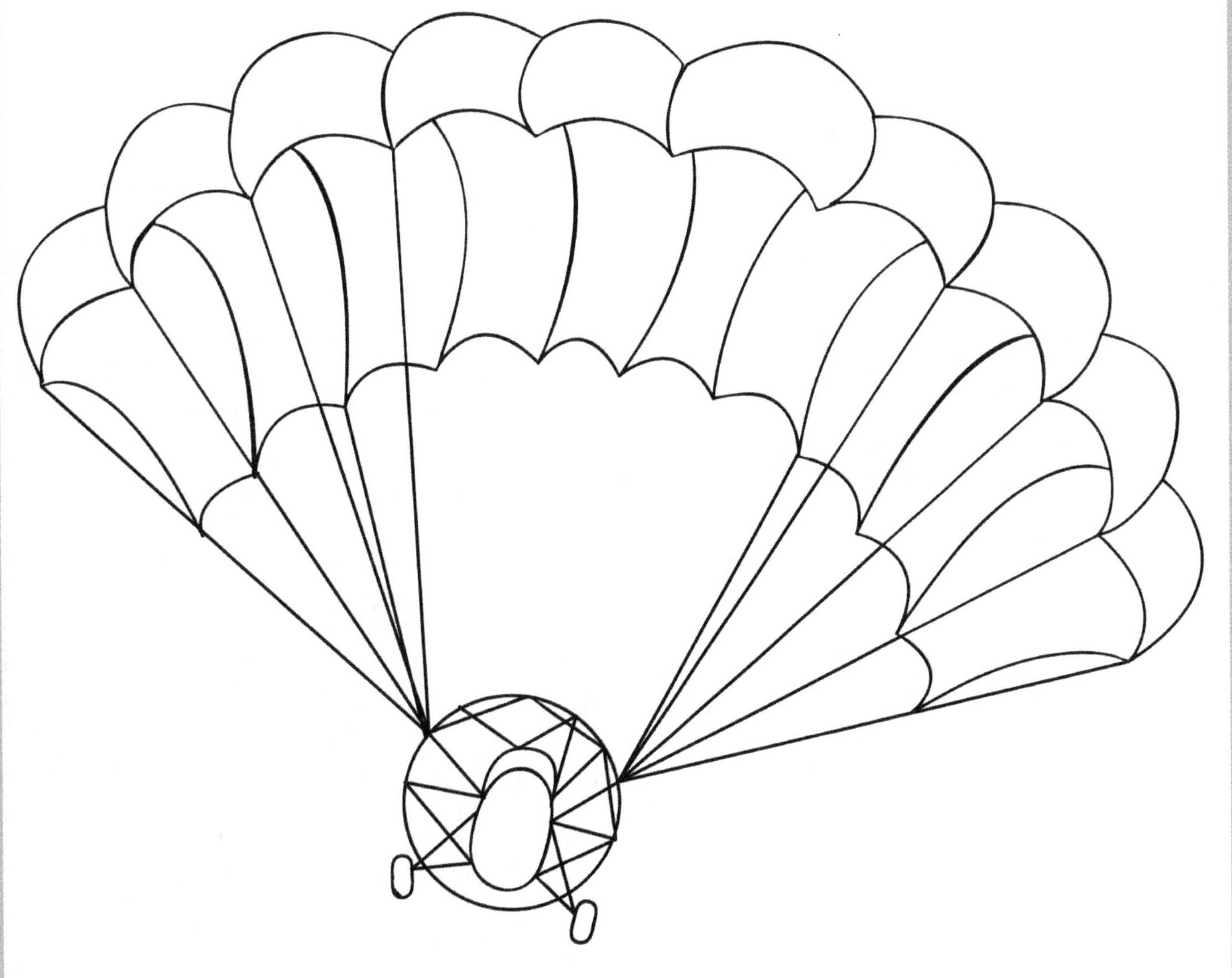

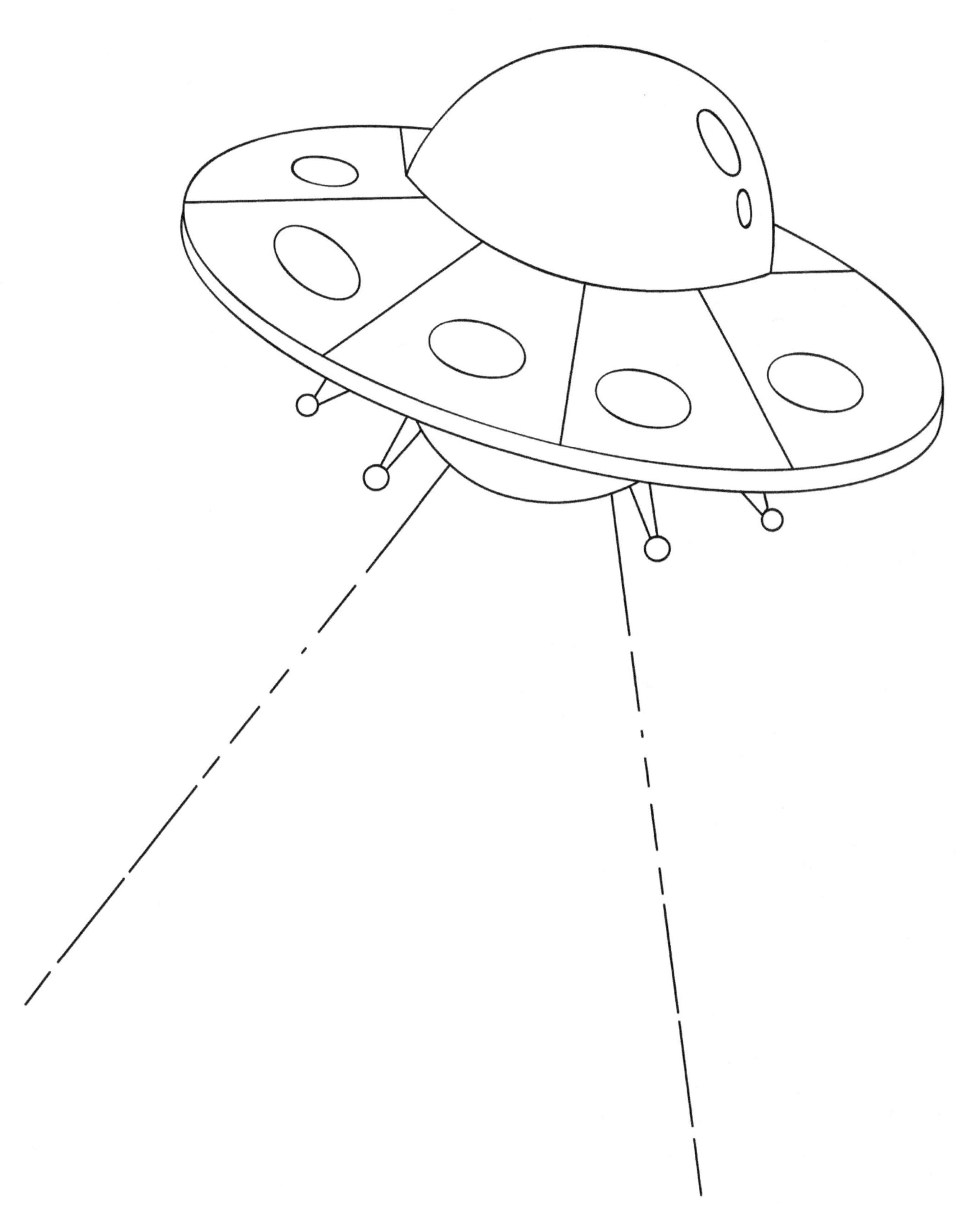

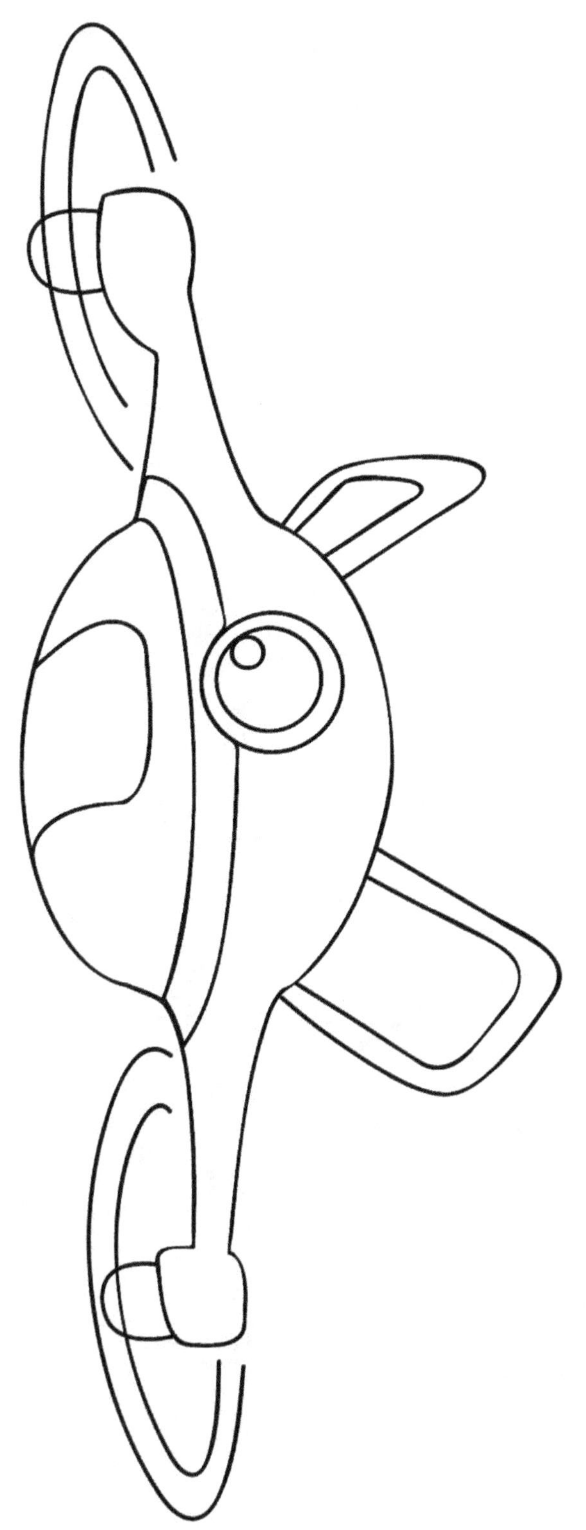

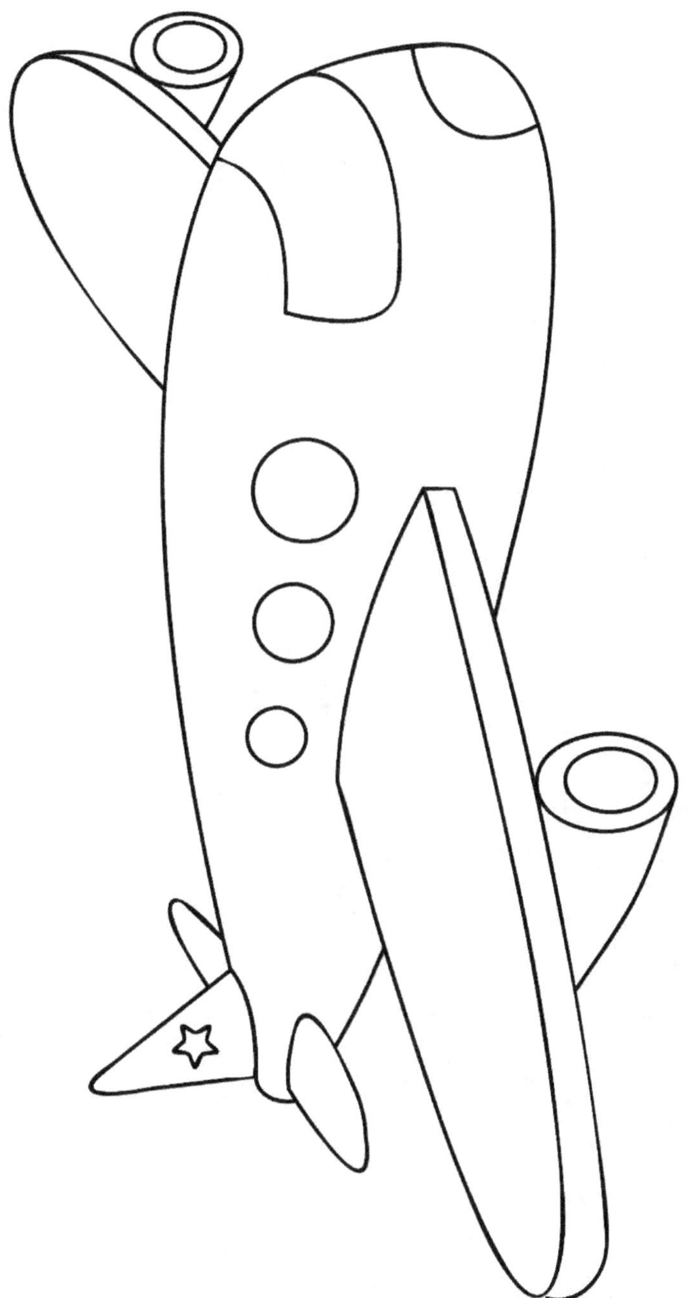

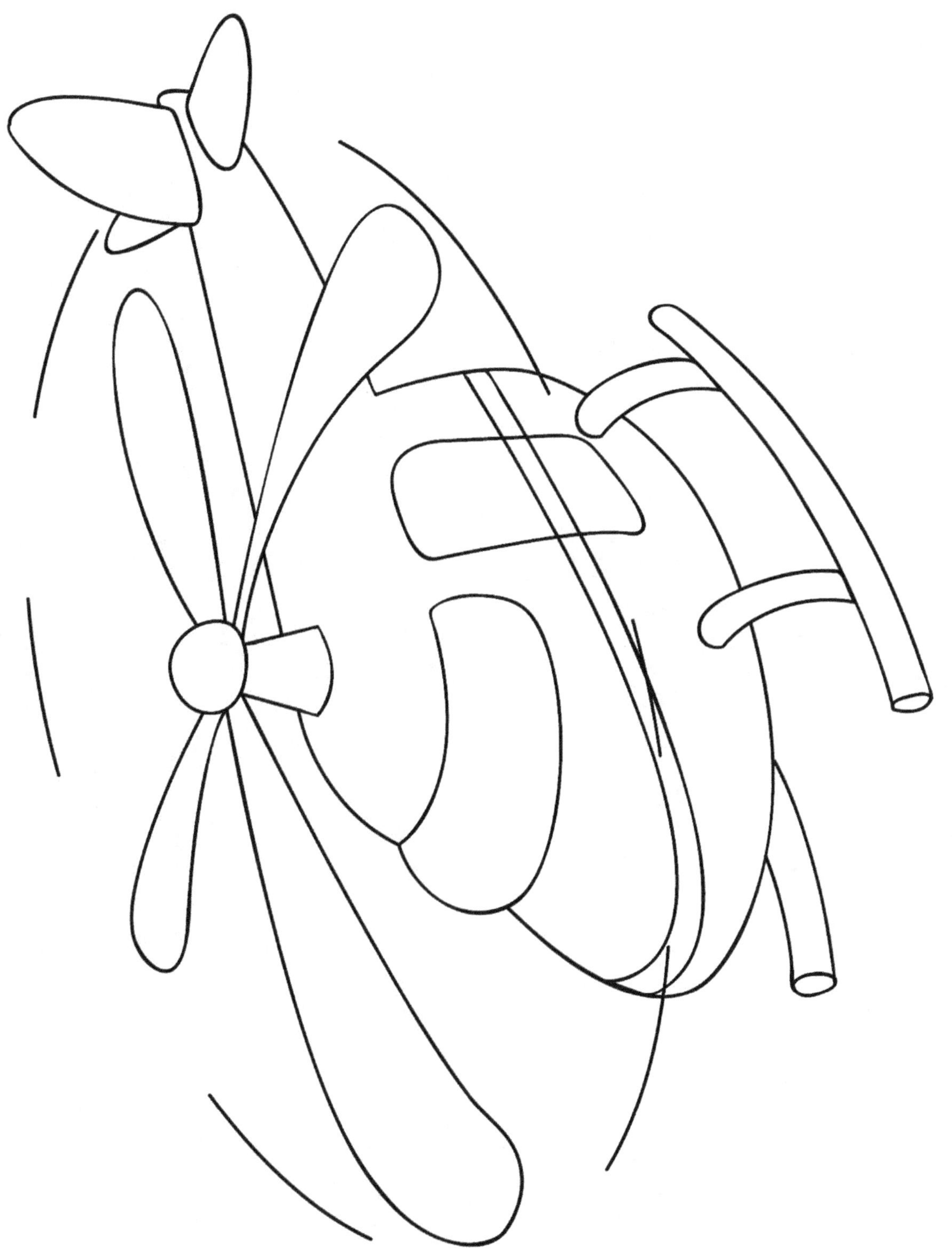

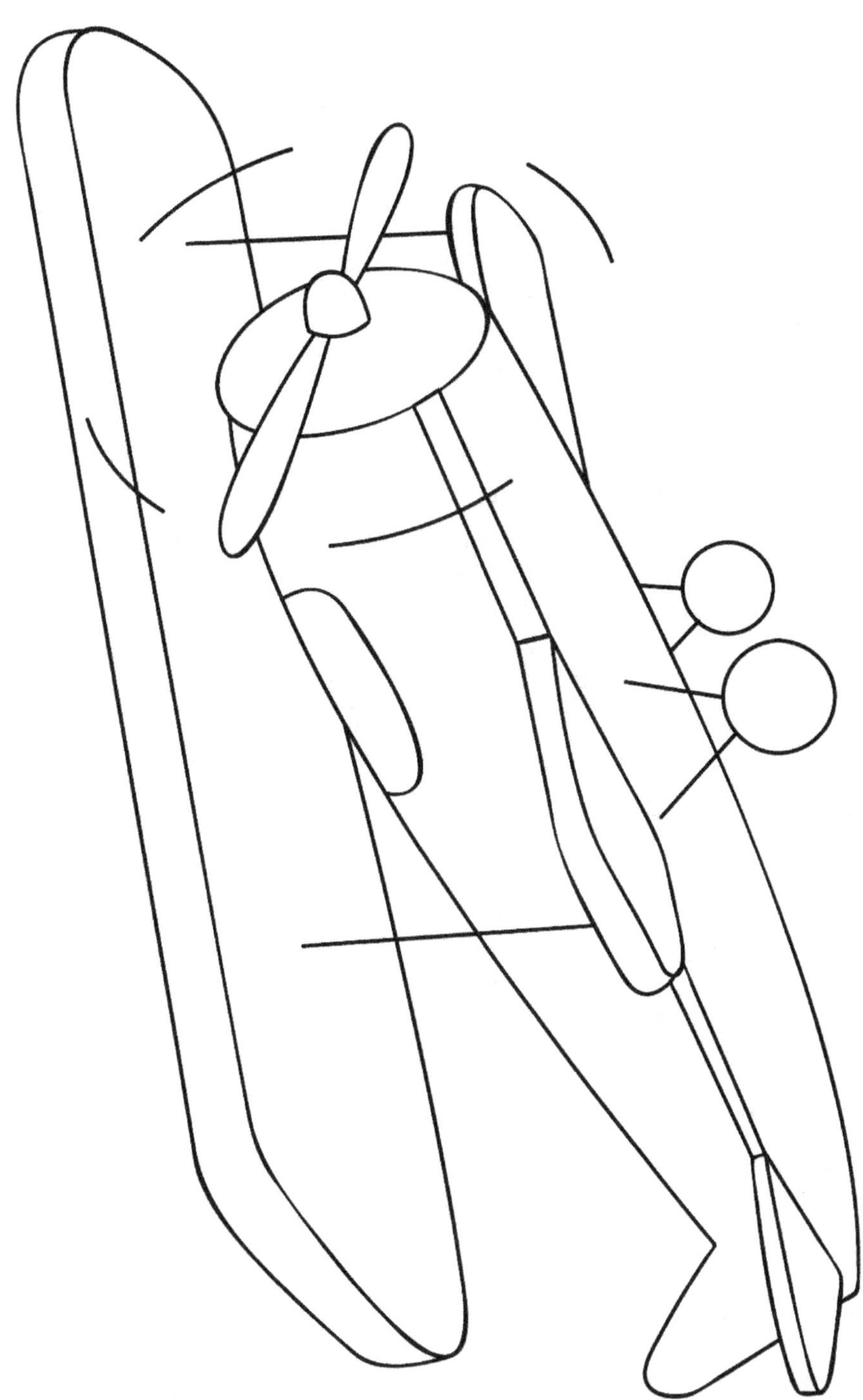

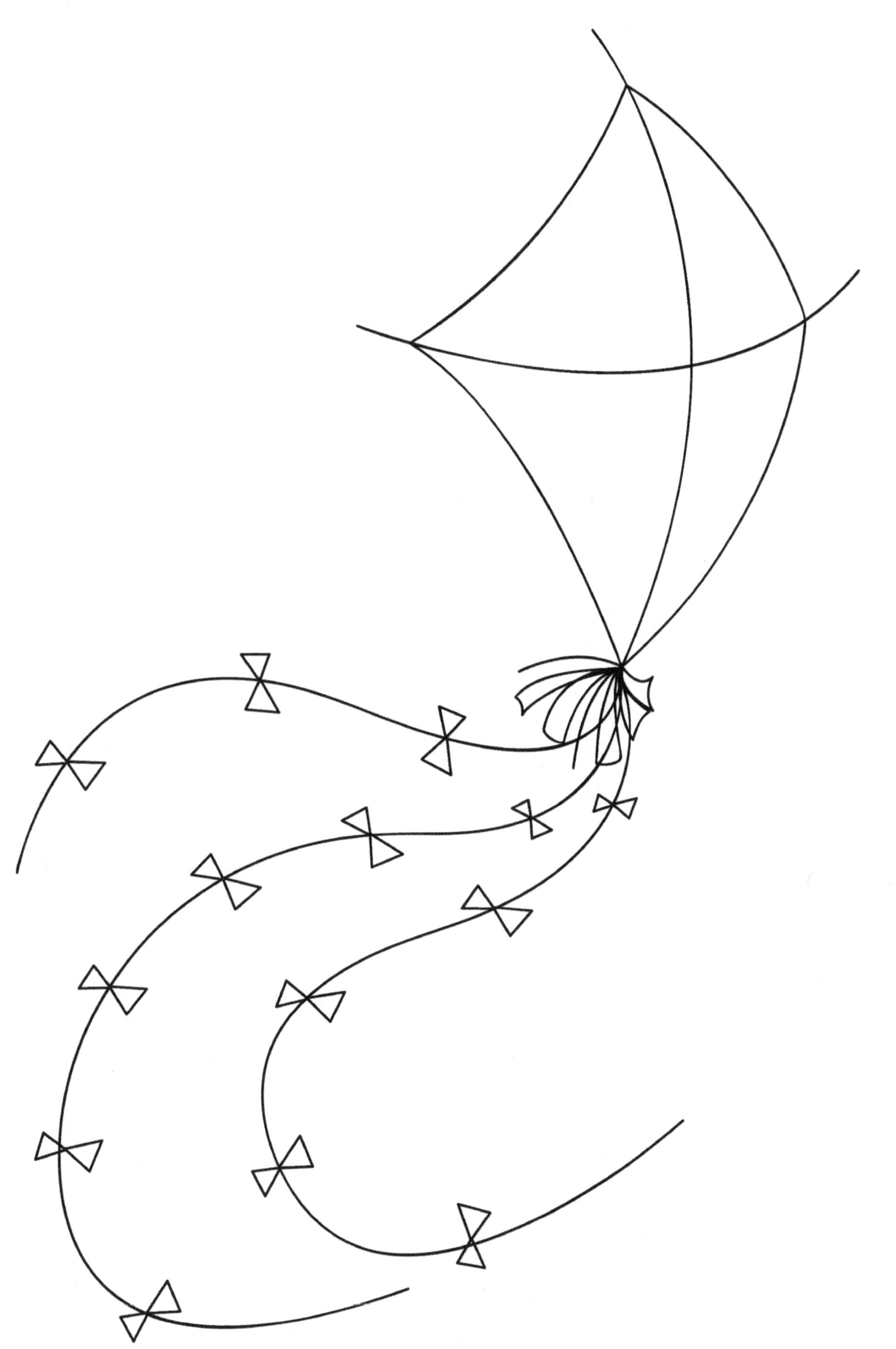

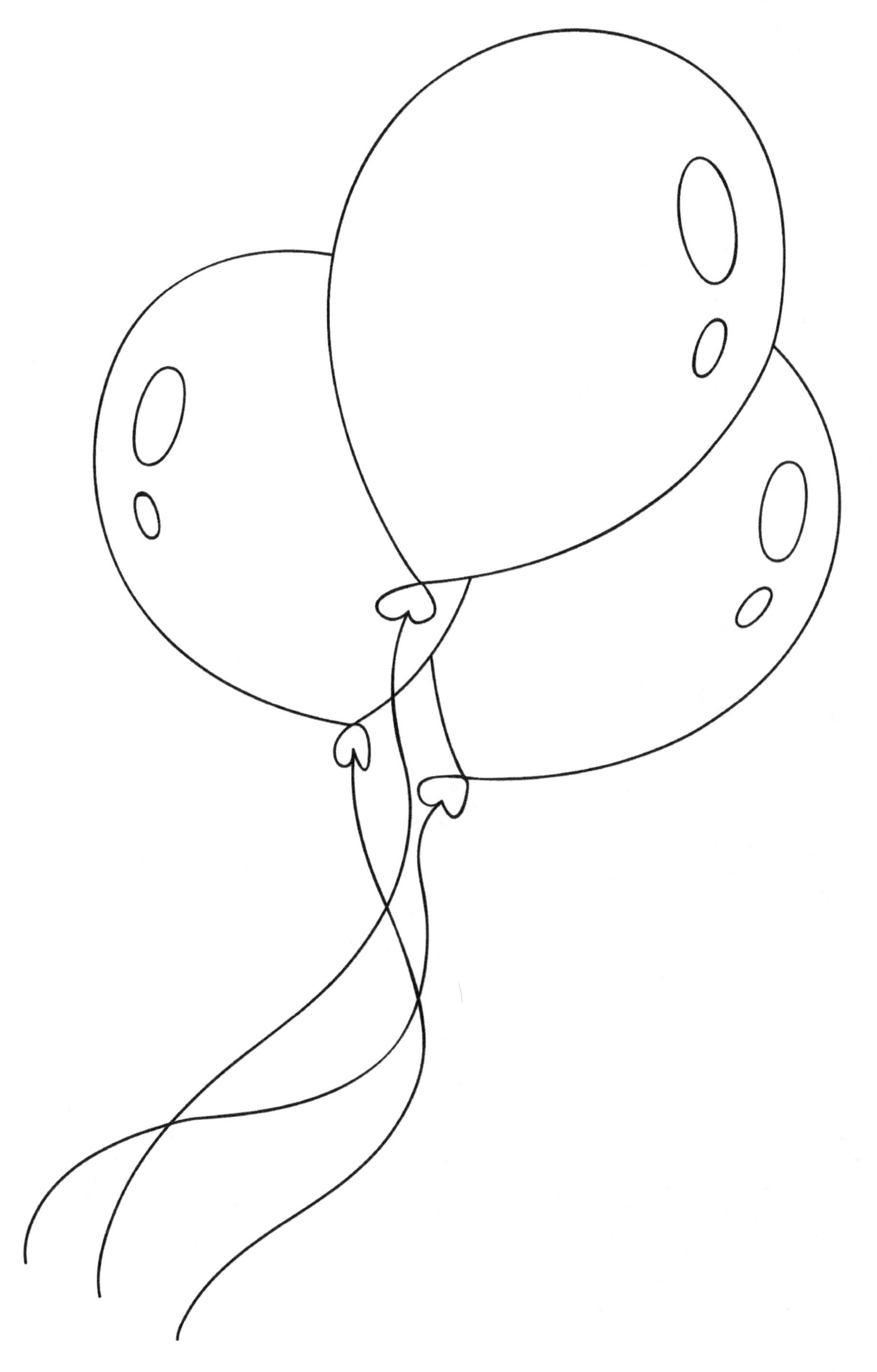

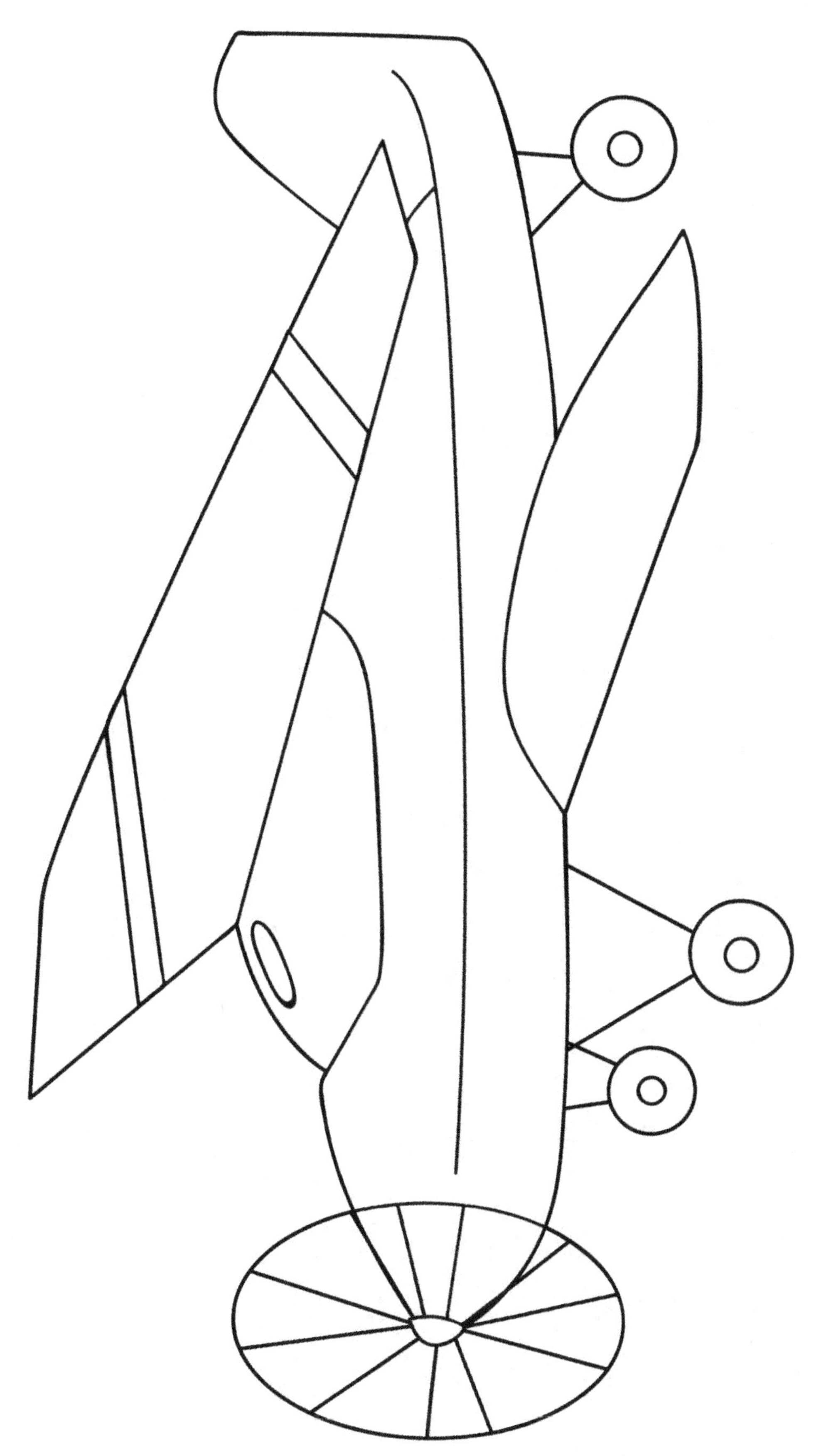

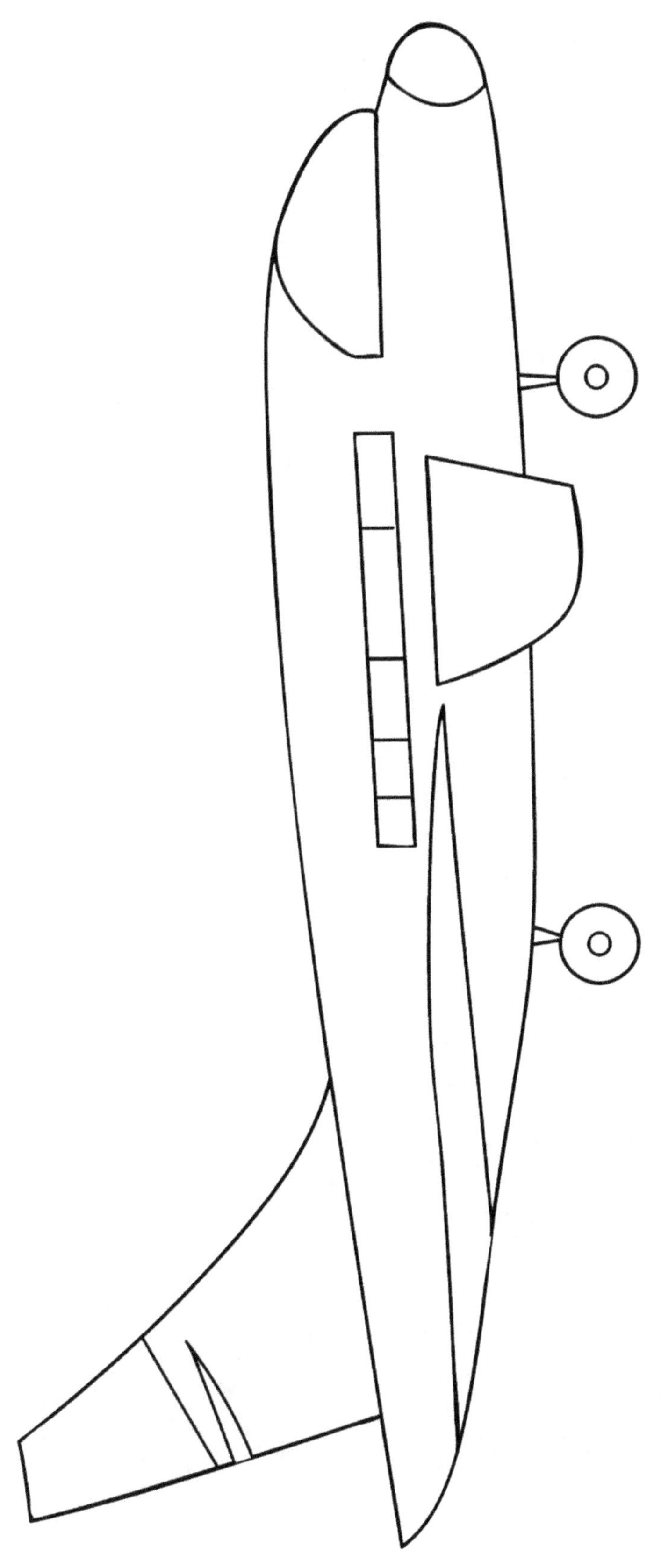

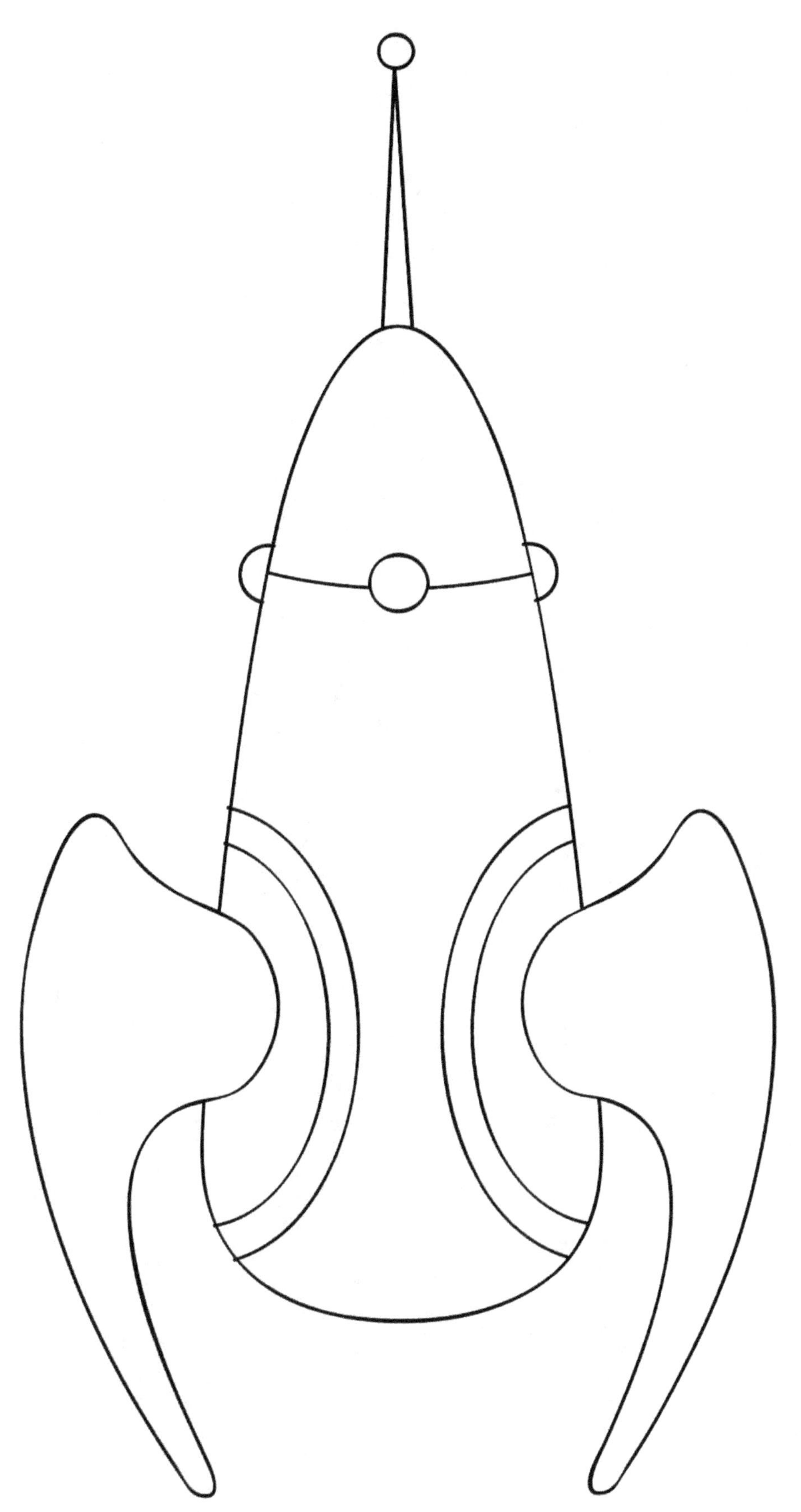

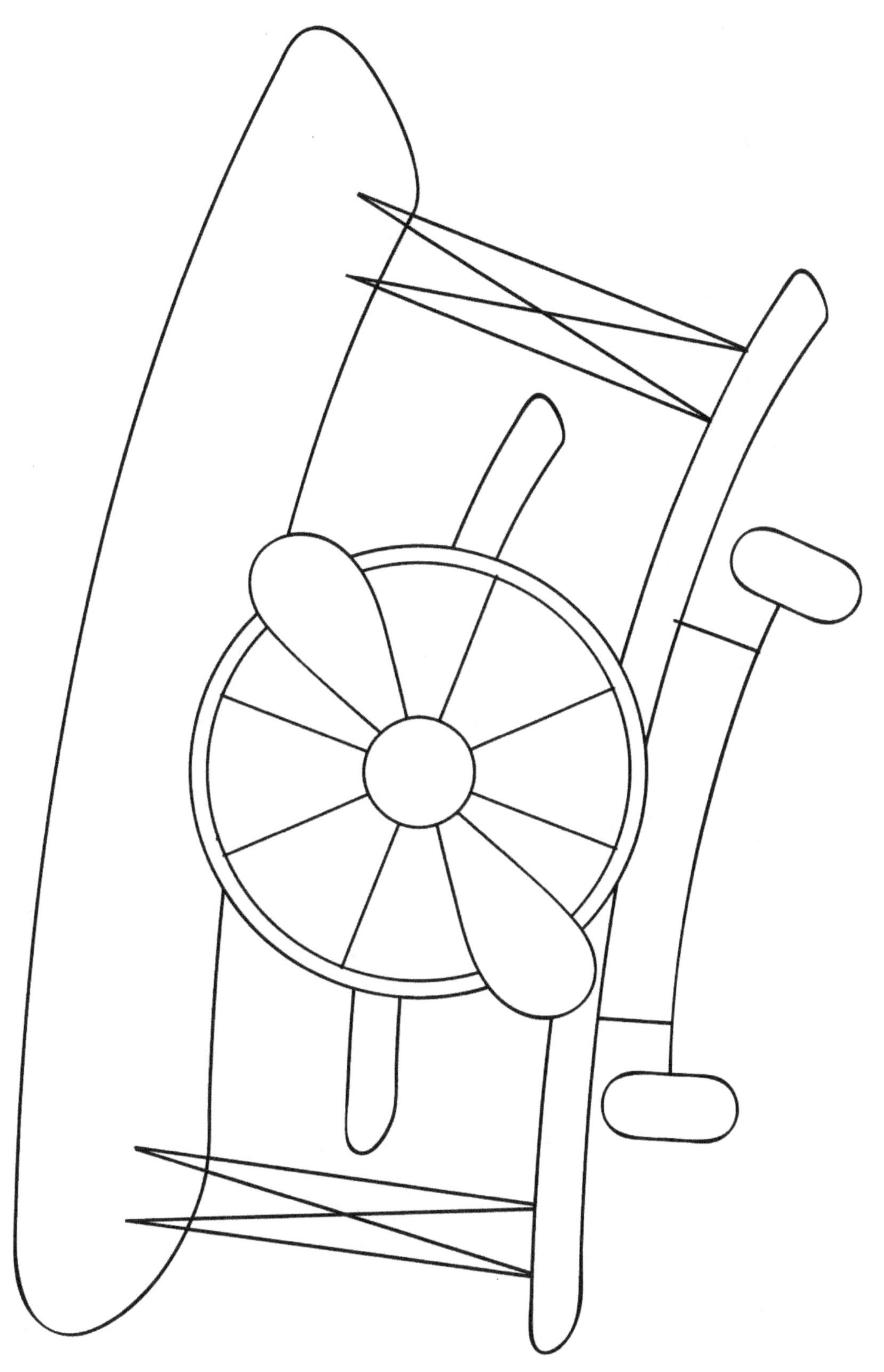

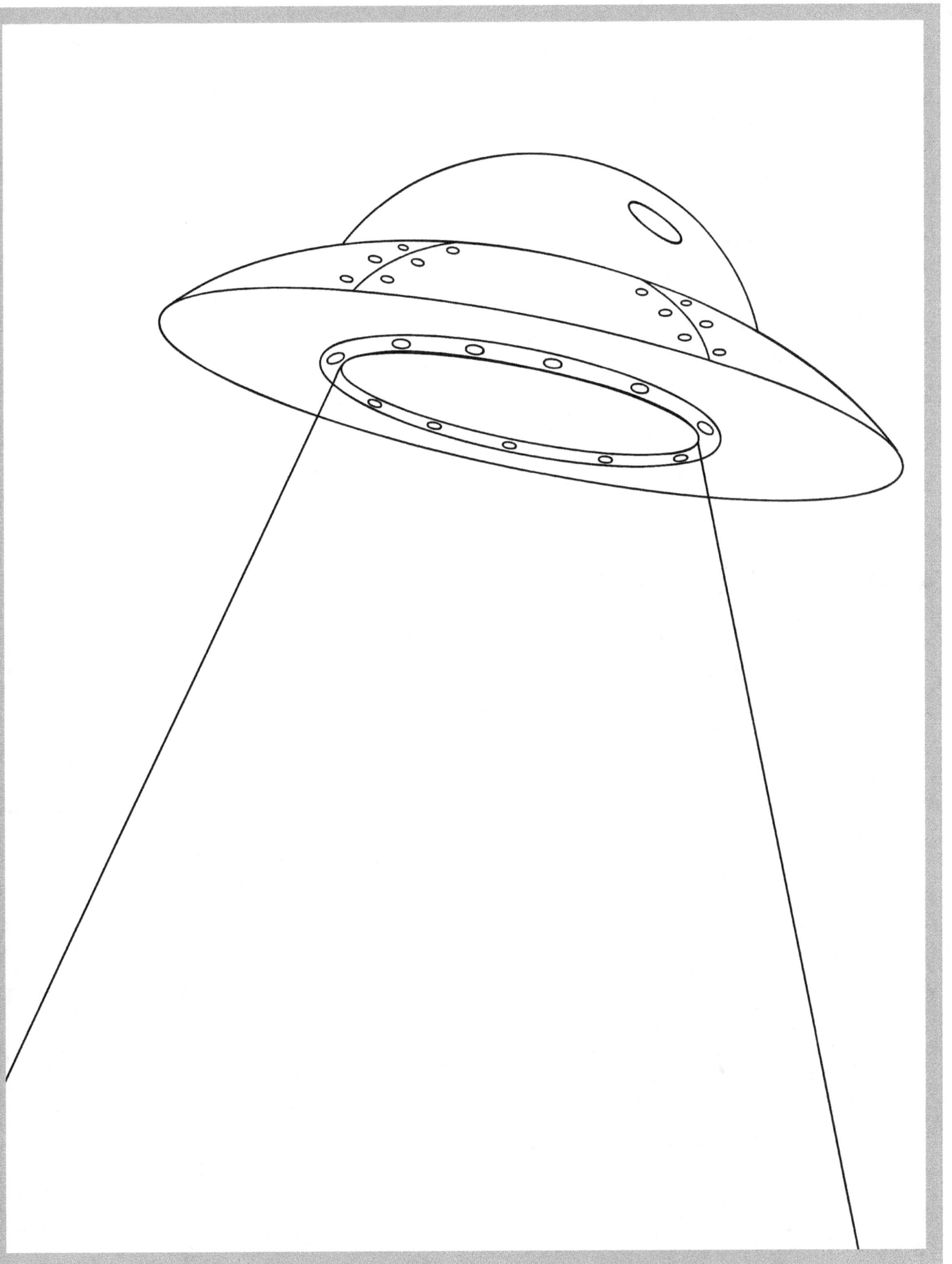

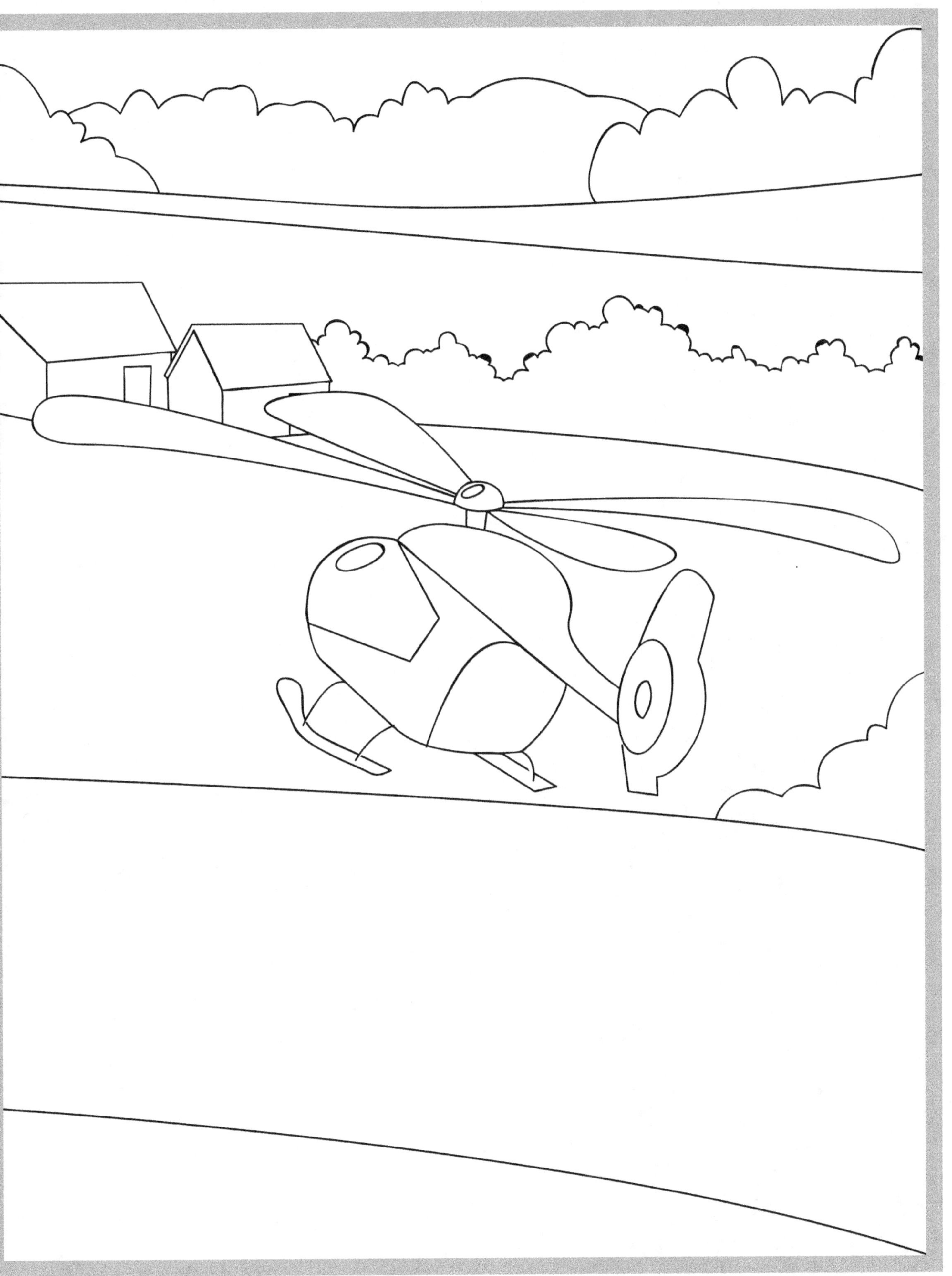